RECIPE FOR BRILLIANT KOUBUTSU SWEETS BY harapecolab

きらきら **鉱物菓子** の作り方

ハラペコラボ

KADOKAWA

PROLOGUE

はじめに

はじめまして。ハラペコラボ です。私たちは福岡で活動するフードクリエーターチームです。鉱物
菓子を初めて作ったのは4年ほど前。「石みたいなお菓子」を作ってほしいという依頼がきっか
けでした。「大好物と鉱物」「いとをかしなお菓子」を掛けて「こうぶつヲカシ」と名前をつ
けました。この本で紹介する鉱物菓子は、琥珀糖という寒天菓子をベースに、私たちが
試作を重ね、独自の味、色、形に作り上げたものです。固めた寒天を一つひとつ手
で切り出す作業はとても大変ですが、ラボで作業する皆は、完成したお菓子を
眺めては、「この子がかわいい」「この子も素敵だ」と、我が子を自慢するよ
うに盛り上がっています。ラボでは、寒天の透明感、カットしたときのき
らめき、少しずつ表面が乾燥し、薄い殻をまとっていく様子……作っ
ている私たちだけが見られる光景が、日々繰り広げられています。
この本は、そんな愛おしい光景への扉。美しくもおいしい、儚
くも嬉しい鉱物菓子の世界を、ぜひ一緒に楽しみましょう。

ハラペコラボ 一同

CONTENTS

きらきら鉱物菓子の作り方

CHAPTER **1**

鉱物菓子作りの基本

アートディレクション／成澤 豪（なかよし図工室）
デザイン／成澤宏美（なかよし図工室）
撮影／山田 圭
編集協力／藤岡 操
DTP／岩井康子（アーティザンカンパニー）
イラスト／RED TROJAN
校正／麦秋アートセンター
編集／馬庭あい（KADOKAWA）

参考文献
『石の辞典』矢作ちはる（雷鳥社）
『パワーストーンの教科書』結城モイラ（新星出版社）

理想の鉱物を自分で作る。
夢のようなお菓子作りの始まり。

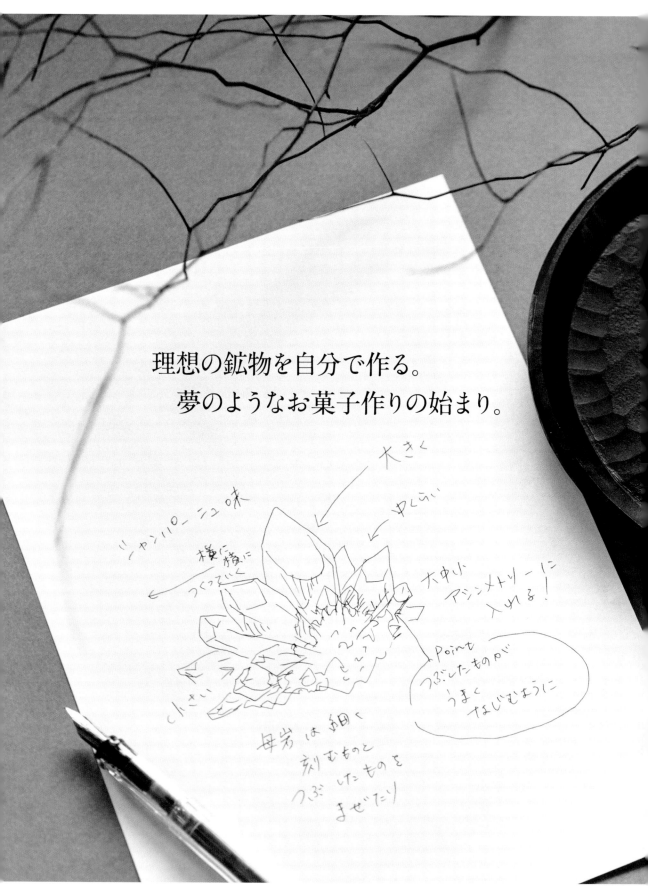

切りたては透明。
シャープなカットを通る光が美しい。

数日後。
薄い殻をまとい、通る光も優しくなる。

1

鉱物菓子のベースは寒天、グラニュー糖、水だけです。

鉱物菓子の正体は「琥珀糖」という
伝統和菓子です。和菓子といっても
基本の材料はとてもシンプル。
寒天、グラニュー糖、水だけだから、
誰でも手軽に作ることができます。

2

溶かして固めてカットするだけで作れます。

基本の作り方はとても簡単。
ベースの材料を煮溶かし、
冷蔵庫で固めたら、
あとは好きな形にカットするだけです。

3

基本を覚えたら
味、色、形は自由自在！
空想上の鉱物菓子も
作れます。

リキュールやジュースなどを使って、
好みの味や色に仕上げることができます。
リアルな鉱物はもちろん、
架空の鉱物を作ることも可能です。

4

口に入れると外は
シャリッ、中はプルン。
眺めて食べて、
楽しんで。

切りたては透明できらきら。
乾燥させると本物の鉱物のよう！
口に入れるとシャリッ、プルンと
楽しい食感。1粒で何度も楽しめます。

CHAPTER **1**

鉱物菓子作りの基本

鉱物菓子の作り方はとてもシンプル。「溶かして固めてカットする」これだけです。だからこそ、美しい鉱物菓子を作るためには基本が大事。基本の中にたくさんのコツがあります。お菓子作りは、一度スタートすると後戻りできません。作り方の工程を頭に入れて、どんな鉱物菓子を作りたいか、イメージが膨らんだら……。さあ、準備を始めましょう！

鉱物菓子 *koubutsu kashi*

基本の材料と道具

●ベースとなる材料

粉寒天

粉寒天は事前に水に浸す必要がなく、すぐに使えるのがメリット。

グラニュー糖

グラニュー糖は純度が高く、透明感を出せるため、鉱物菓子作りに最適。上白糖よりクセがなくあっさりとした甘味が特徴。

水

寒天、グラニュー糖を溶かすのに欠かせないのが水。食用色素を溶く際にも少量の水が必要。

●味、色付けの材料

リキュール

色付けには向かないものもあるが、味や風味付けに活躍。しっかりと加熱してアルコールを飛ばせば、お酒が苦手な人や子どもも食べられる。

ジュース・ドリンク

果汁100％のジュースのほか、カルピス®なども使える。味や風味付けはもちろん、色付けに役立つものも。

食用色素

鉱物の色合いを出すために食用色素で色を補ってもOK。混ぜることで色のバリエーションが増える。

●必要な道具

計量器具

最低でも1g単位で量れるキッチンスケールが必須。大さじ、小さじ、計量カップも用意する。

ボウル（大・小）

材料を準備したり、生地を分けるのに必要。大小サイズがあると便利。

鍋

寒天を煮溶かす、流し入れる、分けるなどの工程では、注ぎ口のある雪平鍋がオススメ。

泡立て器（大・小）

泡立てるためではなく、材料を効率よく混ぜたり、煮溶かしたりするために使用。

ゴムべら

鍋からバットに流し入れる際も、無駄なくきれいに移し替えることができる。

茶こし

水で溶いた色素、粉末・ペースト状の素材を使うときは、茶こしで漉すことで滑らかに。

バット・容器

寒天を固める際は、浅めのバットや容器を使用。寒天用の流し缶でもOK。写真は約21×14×3cmのバット。

レードル・お玉

溶かした寒天を計量しながら取り分ける際などに使用。

ペティナイフ

固めた寒天を取り出す際や切るときに使用。扱いやすいペティナイフがオススメ。

ふきん

カットの際、ナイフがベタベタするので、固く絞った濡れふきんでナイフを拭く。

ラップ

固めた寒天の乾燥を防ぐのに必須。ラップを密着させて冷蔵庫へ。

クッキングシート

固めた寒天はくっつきやすいので、カット、乾燥はクッキングシートの上で行う。

スプーン・フォーク・箸・ピンセット

固めた寒天を潰したり、すくったり、組み立てたりするときに使用。

スタッキングトレイ

カットした寒天を乾燥させる際は、重ねられるトレイがあると便利。

本書の注意点

◎材料は正確に計量してください。特に寒天や色素など、粉末のものは1g単位の計量ミスで固まらなくなることがあります。小さじなどではなく、重量をはかってください。
◎寒天液は、沸騰しすぎたり、沸騰が足りないと固まらないことがあります。煮る際の火加減は、様子を見て調整をしてください。
◎大さじ＝15ml、小さじ＝5ml、1カップ＝200mlです。

鉱物菓子 *koubutsu kashi*

作り方の基本

●基本の分量

（約21×14×3cm のバット1個分）

粉寒天 ……………………… 8g
水 ……………………… 300g
グラニュー糖 ………… 520g
※リキュールやジュースなど、合わせる材料
によって多少調整をする。

●下準備

すべての材料を計量しておく

お菓子作りは段取りが大切。作業を始める前
に、使用する材料をすべて計量し、準備して
おくことでスムーズに作業が進み、失敗を減
らすことができる。

色素を使う場合は、
事前に色素を水で
溶いた色素水を
準備しておく
※色付けの詳細はP.22〜参照。

◉作り方の手順

寒天を溶かす

雪平鍋に粉寒天と水を入れ、中火にかける（お湯を使うと寒天がダマになりやすいので水を使う）。泡立て器で混ぜながら寒天を溶かし、沸騰し、全体にとろみがついたら一旦火を止める。

グラニュー糖を加える

グラニュー糖を鍋に加え、泡立て器でよく混ぜて再び中火にかける。

※味付けのリキュールやジュースなどはこのタイミングで加える（P.18参照）。

混ぜながら煮る

底が焦げ付かないように、泡立て器やヘラで底までしっかりと混ぜながら、全体がふつふつと沸くまで煮て、火を止める。

※色素は火を止めた後で加える（P.22参照）。

バットに流し入れて冷やし固める

バットに流し入れる。そのまま置いて表面が固まったらラップを密着させ、冷蔵庫で3時間以上冷やし固める。

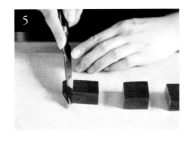

切る

ペティナイフで好きな形に切る。寒天を切るとナイフがベタつくので、清潔な濡れふきんでこまめに刃を拭きながらカットする（切り方の基本はP.24〜参照）。

乾燥させる

クッキングシートの上に、カットした鉱物菓子を立てて並べ、風通しのよい場所で乾燥させる。サイズや形によって数日間、時々裏返して全体を乾かす。

鉱物菓子 *koubutsu kashi*
味付けの基本

寒天を水に溶かし、火を止めて、グラニュー糖を加えるのと同じタイミングでリキュールやシロップ、ジュースなどを加える。

中火にかけ、全体がふつふつと沸くまで煮る。

◉リキュール

リキュールでオシャレな風味をプラス。
色は付かないものが多いので、
イメージに合わせて色素水で色付けを（P.23参照）。

ラズベリー

粉寒天	8g
水	280g
グラニュー糖	520g
ラズベリーリキュール	20g
（色付け：赤色素水）	

レモン

粉寒天	8g
水	280g
グラニュー糖	520g
レモンチェッロ	20g
レモンエッセンス（あれば）	少々
（色付け：黄色素水）	

ピーチココナッツ

粉寒天	8g
水	280g
グラニュー糖	520g
ピーチリキュール	10g
ココナッツリキュール	10g
（色付け：赤色素水）	

ライチ

粉寒天	8g
水	280g
グラニュー糖	520g
ライチリキュール	20g

いちご

粉寒天 ················· 8g
水 ··················· 280g
グラニュー糖 ········ 520g
いちごリキュール ····· 20g
（色付け：赤・黄色素水）

洋梨

粉寒天 ················· 8g
水 ··················· 280g
グラニュー糖 ········ 520g
洋梨リキュール ········ 20g
（色付け：青・黄色素水）

カシス

粉寒天 ················· 8g
水 ··················· 280g
グラニュー糖 ········ 520g
カシスリキュール ····· 20g
（色付け：赤・黄色素水）

ブルーベリー

粉寒天 ················· 8g
水 ··················· 280g
グラニュー糖 ········ 520g
ブルーベリーリキュール ··· 20g
（色付け：赤・青色素水）

シャンパン

粉寒天 ················· 8g
水 ··················· 260g
グラニュー糖 ········ 520g
シャンパン ············ 40g
※白ワイン、ほかのスパー
クリングワイン、りんご
ジュースなどでも代用可

ブランデー

粉寒天 ················· 8g
水 ··················· 280g
グラニュー糖 ········ 520g
ブランデー ············ 20g

赤ワイン

粉寒天 ················· 8g
水 ··················· 260g
グラニュー糖 ········ 520g
赤ワイン ············· 40g

●自家製シロップ

シロップも、リキュールと同様に味や風味付けに活躍。
多めに作っておけば、鉱物菓子のほかドリンクなどにも使える。

カラメルシロップ ━━━ シロップを使って鉱物菓子に ━━▶ カラメル

◆材料と作り方
❶鍋にグラニュー糖200g、水大さじ4を入れて中火にかけ、濃いめのカラメルを作る。
❷鍋底を水に浸して粗熱を取り、水250gを少しずつ加えて泡立て器で混ぜる。
❸固まらないうちに再び火にかけて溶かし、シロップ状にする。

粉寒天 ················· 8g
水 ··················· 280g
グラニュー糖 ········ 500g
カラメルシロップ ····· 40g

ミントシロップ ━━━ シロップを使って鉱物菓子に ━━▶ ミント

◆材料と作り方
❶鍋にグラニュー糖200g、水250gを入れて中火にかける。
❷沸騰したら、よく洗ったミント50gを加え3分煮る。
❸火を止め、茶こしで濾す。

粉寒天 ················· 8g
水 ··················· 280g
グラニュー糖 ········ 500g
ミントシロップ ········ 40g

●ジュース・ドリンク

身近なジュースやドリンクは、
味と同時に色も付くので手軽。

ぶどうジュース

粉寒天	8g
水	260g
グラニュー糖	520g
ぶどうジュース	40g

オレンジジュース

粉寒天	8g
水	260g
グラニュー糖	520g
オレンジジュース	40g

アップルシナモン

粉寒天	8g
水	260g
グラニュー糖	520g
りんごジュース	40g
シナモンパウダー	適量

（火を止めて最後に加える）

コーヒー

粉寒天	8g
水	290g
グラニュー糖	520g
インスタントコーヒー	大さじ1

（同量のお湯で溶く）

カルピス

粉寒天	8g
水	280g
グラニュー糖	520g
カルピス原液	20g

ハイビスカスティー

粉寒天	8g
ハイビスカスティー（ティーバッグ1個を濃いめに抽出したもの）	300g
グラニュー糖	520g

酸味の強い果汁は固まらない原因に

寒天は酸に弱い性質があるため、フレッシュな柑橘果汁やビネガードリンクなど、酸味の強いものを加えると固まらなくなることがあります。特に、煮立った寒天液に加えると固まらなくなるので、ジュースや果汁を加える際は、酸味が強いものは避け、火からおろしてから加えてください。

●ペースト・粉末

粉末やペーストはダマになりやすいので、
グラニュー糖と混ぜたり、漉したりしてから寒天液に加える。

黒糖

粉寒天	8g
水	300g
グラニュー糖	270g
黒糖（粉状のもの）	250g

Point ／グラニュー糖と黒糖は混ぜ合わせておくとムラなく仕上がる。

練乳

粉寒天	8g
水	300g
グラニュー糖	520g
練乳	大さじ1

ココア・オレンジピール

粉寒天	8g
水	300g
グラニュー糖	520g
ココアパウダー	4g（グラニュー糖と混ぜ合わせておく）
オレンジピール（細かく刻む）	20g

Point ／ココアはグラニュー糖と混ぜ合わせてから加えることでダマにならずきれいに混ざる。

黒ごま

粉寒天	8g
水	300g
グラニュー糖	520g
黒練りごま	30g

❶ボウルに黒練りごまを入れ、お玉約2杯分の寒天液を鍋から取って加え、泡立て器でよく混ぜる。
❷茶こしを通して寒天液の鍋に戻し、全体をよく混ぜる。
Point ／練りごまは直接加えると混ざりにくいので、寒天液でのばしてから加える。また、寒天液が熱々の状態でバットに移すと分離するので、粗熱を取ってとろみがついてから移す。

ホワイトチョコ・ラムレーズン

粉寒天	8g
水	300g
グラニュー糖	520g
ホワイトチョコ	10g
ラムレーズン（レーズンをラム酒に浸して一晩以上置いたもの）	20g

Point ／ホワイトチョコ、ラムレーズンは細かく刻んで加えると、滑らかな仕上がりに。

抹茶

粉寒天	8g
水	300g
グラニュー糖	420g

A ［ 抹茶パウダー …… 3g ／ グラニュー糖 … 100g ］混ぜておく

❶鍋に粉寒天と水を入れて混ぜながら中火にかけ、ふつふつと沸いたら火を止め、グラニュー糖を加えて混ぜる。
❷再び中火にかけて沸騰してきたらAを加えて混ぜ、再び沸いたら火を止める。
Point ／抹茶はグラニュー糖と混ぜ合わせてから加えるとダマにならない。また、煮詰めると抹茶の色があせるので、後から加える。

鉱物菓子 *koubutsu kashi*

色付けの基本

◉色付け

色素1gを水小さじ2で溶くのが基本。ダマが残らないよう、茶こしで漉しておく。これで色素水の完成。

リキュールやジュースで味付けをしたら、火を止めて、水で溶いた色素を加える。色味を確認しながら好みの色になるまで少しずつ加えるとよい。

※基本の寒天液の分量に対して、水で溶いた色素は小さじ2まで加えてOK。それ以上加えると、ベタついて乾燥しにくくなるので注意してください。
※青色素は熱に弱いので、加える際は鍋底を水で冷やして粗熱を取ってから加えてください。
※ハラペコラボでは基本的に天然色素（アントシアニン、クチナシ黄色素、スピルリナ青など）を使用しています。食紅などの合成色素は、天然色素に比べて少量で濃い色が出るので、様子を見ながら少しずつ加えてください。

◉グラデーション

2色の寒天液を作る。

1色目をバットなどに流し入れ、表面が固まるまで置く。
※完全に固まると、カットした際にバラバラになるので注意。傾けると表面は動かず中は動くぐらいの固まり具合が目安。指で押して確かめてもOK。

2色目を流し入れる。グラデーションを増やす場合も同様に、表面が固まったら加えるを繰り返す。
※2色目が流し入れる前に固まってしまったら、再び火にかけて溶かしてから加える。

◉マーブル

2色の寒天液を作り、粗熱を取り、とろみがつくまで置く。

1色目をバットなどに流し入れる。表面が固まらないうちに、2色目を全体に流し入れる。

スプーンなどで底から軽くかき混ぜる。

色素で作る鉱物カラーのバリエーション

本書では、赤色、青色、黄色の色素で着色した3種の色素水を作り（粉末色素を水で溶き、茶こしで漉して使用）、その配合でさまざまな鉱物の色を表現しています。

【赤色素水】　赤色素（アントシアニン、クチナシ赤色素など）1g＋水小さじ2

【青色素水】　青色素（スピルリナ青、クチナシ青色素など）1g＋水小さじ2

【黄色素水】　黄色素（クチナシ黄色素など）1g＋水小さじ2

●単色

青色

【青色素水】…適量

黄色

【黄色素水】…適量

ピンク

【赤色素水】…適量

薄青色

【青色素水】…適量（少なめ）

薄黄色

【黄色素水】…適量（少なめ）

薄ピンク

【赤色素水】…適量（少なめ）

白色

色素なし
（水晶など）

●複数色を混ぜて作る色

赤色

【赤色素水】＋【黄色素水】少し
（ロードクロサイト、スピネルなど）

緑色

【青色素水】＋【黄色素水】
（エメラルドなど）

深紫色

【赤色素水】＋【青色素水】
（アメジスト、蛍石など）

鉱物菓子 *koubutsu kashi*

切り方の基本

最初の切り方

寒天の縁を指で押し、バットとのくっつきを剥がす。

寒天が割れないよう⅓程度をカットして取り出す。

容器に丸みがある場合、周囲の曲線部分を切り落とす。

約1.5cm角のスティックを作る。残りの寒天も同様にしてスティックを作る。

●正方形/長方形

スティックを真っ直ぐに切る。すべての辺の長さを均一にすれば正方形。

細長くカットすれば長方形。さらに縦にカットすればより細長くなる。

●平行四辺形／ひし形

平行四辺形は、真上から見て先に切った線と平行になるように切り進める。ひし形は、すべての辺の長さが等しくなるように、斜めにナイフを入れていく。

●三角形

スティックを斜めに切る。すべての辺の長さを均一にすれば正三角形。

角度を変えてカットすれば、二等辺三角形、直角三角形など色々な三角形に。

●八角形

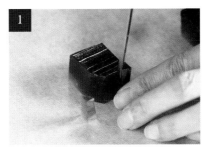

正方形を切り出し、4つの角を均等に浅めに切り落とす。

エメラルドのような少し縦長の八角形の場合は、長方形の4つの角を同様に切り落とす。

●六角柱

ひし形の柱を切り出す。

立てた状態で、とがった方の角を均等に切り落とす。

六角柱の完成。

●六角柱ポイント
（とがった六角柱）

六角柱を切り出し、中心がとがるように上部を4回に分けてカットする。

寒天を手に持ち、少しずつ回転させながら4回に分けてカットするのが基本。

真上から見るとこのような形になります

《うまく切れないときは…》
手に持ってカットするのが難しい場合は、置いた状態で上部の中心から斜めにナイフを入れ、4回のカットで先をとがらせる。

※寒天は立てて置いても、寝かせてもOK。作りたい形をイメージして、自分が切りやすい方法でカットしてみてください。

●コロコロカット

1

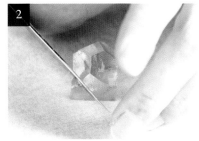
2

立方体を切り出し、角を切り落としていく。

ナイフの向きを変えず、寒天を転がしてすべての直角の角を切り落とせば完成。

●正八面体

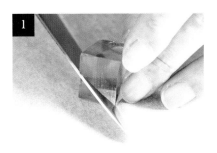
1

2

少し縦長のひし形を切り出し、辺の真ん中から左右の角に向かって斜めにカットする。対向面も同様にカットする。

上下をひっくり返し、下の面も①と同様にカットする。

Point

ナイフの角度や位置を変えず、寒天の向きを変えながら切るとよい。
※寒天を回転させると頭が混乱するという場合は、完成形をイメージしながら、自分がわかりやすい方法でカットしてみてください。

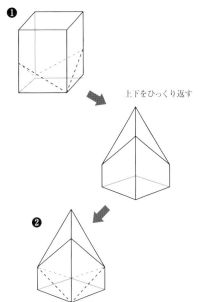

❶

上下をひっくり返す

❷

鉱物菓子 *koubutsu kashi*

鉱物菓子のQ&A

鉱物菓子は材料や作り方はシンプルだが、少し繊細。
計量や手順を正確に行い、保存の際の注意点を守り、おいしく、美しい仕上がりを目指そう。

Q1 固めた寒天をカットするときや
組み立てるとき、
ベタベタとして扱いづらい…

A1 カットするときはナイフを固く絞った濡れふきんでこまめに拭けばナイフにくっつきにくくなります。組み立てる際も同様に、手を濡れふきんで拭きながら行いましょう。

Q2 カットするとき、寒天の
角がすぐに欠けてしまいます

A2 固めた寒天は乾燥すると欠けやすくなります。冷蔵庫で保管する際は表面にラップを密着させ、取り出した後も同様にラップをかけて乾燥を防ぐと、欠けにくくなります。

Q3 寒天を真っ直ぐに
切れません

A3 寒天は弾力があるので、刃に厚みがある包丁を使ったり、力を加えて押さえすぎると寒天が歪んで真っ直ぐに切れません。できるだけ薄い刃のナイフを使い、力を加えすぎず刃を軽く引く、押すなどして寒天が歪まない状態を意識して刃を入れましょう。

Q4 寒天液が濁って
透明にならない…

A4 寒天はもともと白濁していて、グラニュー糖を加えて煮溶かすと透明になります。グラニュー糖を極端に減らしてしまったり、寒天液を混ぜる際に空気を混ぜ込んでしまうと、濁ってしまいます。

Q5 寒天が固まらないことがあります。
原因は何ですか？

A5 下記のような原因が考えられます。
1．寒天が溶けきる前に他の材料を入れた。
2．グラニュー糖を加えてから煮詰めすぎた。
3．熱い寒天液に酸味のあるジュースなどを加えた。
4．色素の量が多すぎた。
思い当たる原因を改善して、チャレンジしてみてください。

Q6 グラデーションの寒天を
カットするとバラバラに
なるのはなぜ？

A6 1色目の寒天が完全に固まった状態で、2色目を流し入れると、寒天同士がくっつかず、バラバラになることがあります。1色目の表面だけが固まり、中は固まらない状態になったタイミングで、2色目を流し入れるのが失敗しないポイントです。

Q7 鉱物の集合体（クラスター）を
作りたいのですが、
寒天がくっつきません…

A7 寒天は乾燥が進むとくっつきにくくなるの
で、常にラップをかけて乾燥を防ぎましょう。
くっつかない場合は、透明の寒天液を接着
剤として使うのもひとつの方法です。

Q8 鉱物菓子が
シャリッではなく、ジャリッとした
食感になってしまいました

A8 グラニュー糖を加えてからの煮詰め方が足
りなかったり、煮詰めすぎたときに、グラ
ニュー糖が粒状に固まってジャリッとした
食感になることがあります。煮詰め不足、
煮詰めすぎに注意しましょう。

Q9 数日間乾燥させているのに
寒天の表面が結晶化しません。

A9 風通しのよい場所で乾燥させましょう。
特に夏は湿度が高くなりやすいので、エ
アコンや扇風機の風が当たる場所、除湿
器のある部屋に置いてください。

Q10 乾燥させていたら
表面にカビが…

A10 鉱物菓子は湿気に弱いのが特徴。乾燥さ
せる際は風通しのよいところに置くのが基
本です。作る際は、調理用具や手指を清
潔に保ちましょう。指に傷がある場合は、
ビニール手袋を使うと安心です。

完成した鉱物菓子の
保存について

◉保存方法
しっかりと表面を乾燥させた状態で、
常温保存が鉄則です。鉱物菓子は湿気
に弱いので、高温多湿の環境で保存す
るのはNG。冷蔵庫に入れるのもNG
です。結露が付くと表面の結晶が溶け、
カビの原因になります。

◉保存期間
しっかりと乾燥させた状態で、約2週間
保存可能です。容器に乾燥剤を入れて
保存するのがオススメです。

CHAPTER 2

鉱物菓子レシピ

鉱物菓子を初めて見た人は「きれい！本物みたい」と驚きます。リアルなグラデーションは光を通してますます美しく、乾燥によってできるかすかなひび割れは天然の鉱物にそっくりです。ここでは、人気の鉱物と誕生石の鉱物菓子レシピを紹介します。味や色は、P.18〜23を参考にアレンジすることも可能。自由なイメージで作ってみてください。

水晶

◆材料

【シャンパン味】

粉寒天 ······························ 8g

水 ································· 260g

グラニュー糖 ················· 520g

シャンパン ························ 40g

※白ワイン、スパークリングワイン、りんごジュースなどでも代用可

◆作り方

❶鍋に粉寒天と水を入れ、中火にかける。泡立て器で混ぜながら寒天を溶かし、沸騰したら一旦火を止める。

❷グラニュー糖、シャンパンを鍋に加え、泡立て器でよく混ぜて再び中火にかける。鍋底からしっかり混ぜてふつふつと沸いたら火からおろす。

❸バットに流し入れる。表面が固まってきたらラップをかけ、冷蔵庫で3時間以上冷やし固める。

❹六角柱ポイントを、大・小サイズ作る（P.26参照）。

❺カットで出た破片と一部の寒天をマッシャーやナイフで細かくして、土台を作る。その上に六角柱ポイントを立て、数日間乾燥させる。

Point ／土台になる部分はマッシャーで潰すかナイフで細かく刻む。

Point ／六角柱ポイントは、真ん中に大サイズ、周囲に小サイズをのせ、少し扇形になるように形を整える。

⟨ Koubutsu info ⟩

水晶＝クリスタルの語源はギリシャ語で「氷」。水晶は古くから「解けない氷」と信じられ、魔除けの御守りなどに使われてきた。先がとがった六角柱の結晶は自然の造形美。

日本式双晶

◆材料
【シャンパン味】
粉寒天 ………………………… 8g
水 ………………………………… 260g
グラニュー糖 ………………… 520g
シャンパン …………………… 40g
※白ワイン、スパークリングワイン、りんごジュース
などでも代用可

◆作り方
❶鍋に粉寒天と水を入れ、中火にかける。泡立て器で混ぜながら寒天を溶かし、沸騰したら一旦火を止める。
❷グラニュー糖、シャンパンを鍋に加え、泡立て器でよく混ぜて再び中火にかける。鍋底からしっかり混ぜてふつふつと沸いたら火からおろす。
❸バットに流し入れる。表面が固まってきたらラップをかけ、冷蔵庫で3時間以上冷やし固める。
❹同サイズの六角柱ポイントを2つ作る(P.26参照)。それぞれの下を斜めにカットして断面をくっつけて、ハート形にして寝かせて並べる。
❺カットで出た破片と一部の寒天をマッシャーやナイフで細かくして、土台を作る。④の下側に土台を付けて一晩置いて乾かす。乾いたら裏返して、同様に裏面の下側にも土台を付けて数日間乾燥させる。

Point／六角柱ポイントの下の部分を斜めにカットし、断面をくっつけるとハート形になるよう角度を調整する。2つをくっつけた外側の角度が約84°になるのが理想的。

⟨Koubutsu info⟩

水晶の六角柱2つが接合したものを双晶と呼び、日本で採取された標本がとても立派であったことから「日本式双晶」と名付けられた。山梨県の乙女鉱山産が有名。

ローズクォーツ

◆材料

【ピーチココナッツ味】

粉寒天 ･･････････････････････ 8g

水 ･･････････････････････････ 280g

グラニュー糖 ･･･････････････ 520g

ピーチリキュール ･･･････････ 10g

ココナッツリキュール ･･･････ 10g

赤色素水(P.23参照) ･･････････ 適量

◆作り方

❶鍋に粉寒天と水を入れ、中火にかける。泡立て器で混ぜながら寒天を溶かし、沸騰したら一旦火を止める。

❷グラニュー糖、ピーチリキュール、ココナッツリキュールを鍋に加え、泡立て器でよく混ぜて再び中火にかける。鍋底からしっかり混ぜてふつふつと沸いたら火からおろす。赤色素水を加えて混ぜ、薄いピンク色にする。

❸バットに流し入れる。表面が固まってきたらラップをかけ、冷蔵庫で3時間以上冷やし固める。

❹六角柱ポイントを作り(P.26参照)、その先端を少し切り落として、数日間乾燥させる。

⟨ Koubutsu info ⟩

和名「紅水晶：ベニスイショウ」。平和や愛を象徴する石とされ、古代ローマ時代から彫刻や印章、装飾品などに用いられてきた。

オニキス

◆材料
【黒ごま味】
粉寒天 ……………………………8g
水 ………………………………300g
グラニュー糖 …………………520g
黒練りごま ……………………30g

◆作り方
❶鍋に粉寒天と水を入れ、中火にかける。泡立て器で混ぜながら寒天を溶かし、沸騰したら一旦火を止める。
❷グラニュー糖を鍋に加え、泡立て器でよく混ぜて再び中火にかける。鍋底からしっかり混ぜてふつふつと沸いたら火からおろす。
❸ボウルに黒練りごまを入れ、お玉約2杯分の寒天液（②でできたもの）を鍋から取って加え、泡立て器でよく混ぜる。
❹茶こしを通して③を鍋に戻し、全体をよく混ぜる。粗熱を取りとろみがついたらバットに流し入れる（※練りごまは熱いうちにバットに流すと分離するので注意）。表面が固まってきたらラップをかけ、冷蔵庫で3時間以上冷やし固める。
❺ラフな形にカットし、フォークに刺してコンロの火で軽く炙り、角を丸める。好みで金箔を少し散らし、数日間乾燥させる。

Point／少し火で炙って丸みを出すと、オニキスのつややかな雰囲気が出る。炙る際はフォークに刺して、表面が少しプツプツとしてくればOK。

⟨Koubutsu info⟩
瑪瑙：メノウの一種で、黒いものを「オニキス」「黒瑪瑙」と呼ぶ。古くから魔除けの御守りとして用いられ、パワーストーンとしても人気。

琥珀
^こ^{はく}

◆材料

【カラメル味】

粉寒天 ························· 8g

水 ··························· 280g

グラニュー糖 ················· 500g

カラメルシロップ（P.19参照）··· 40g

アーモンド、くるみ、カシューナッツなどのナッツ

·················· 各適量

◆作り方

❶鍋に粉寒天と水を入れ、中火にかける。泡立て器で混ぜながら寒天を溶かし、沸騰したら一旦火を止める。

❷グラニュー糖、カラメルシロップを鍋に加え、泡立て器でよく混ぜて再び中火にかける。鍋底からしっかり混ぜてふつふつと沸いたら火からおろす。

❸バットに流し入れる。表面が固まってきたらナッツを散らして中に閉じ込め、ラップをかけ冷蔵庫で3時間以上冷やし固める（ナッツが浮いてくる場合は、寒天液がさらに固まったタイミングで中に押し込む）。

❹好みの形にカットし、数日間乾燥させる。

Point ／寒天液が緩いうちはナッツは浮いてくるので、表面が固まってきてから、フォークなどで中に押し込める。

〈Koubutsu info〉

数千年もの時を経た樹脂の化石で、古代の昆虫などが入ったものは「インセクトアンバー」と呼ばれ、貴重。

翡翠
(ひ) (すい)

◆材料

【抹茶味】

粉寒天 ……………………………… 4g

水 …………………………………… 150g

グラニュー糖 ……………………… 210g

A ┌ 抹茶 ………………………… 1.5g ┐ 混ぜておく
 └ グラニュー糖 ……………… 50g ┘

【練乳味】

粉寒天 ……………………………… 4g

水 …………………………………… 150g

グラニュー糖 ……………………… 260g

練乳 ……………………………… 大さじ½

◆作り方

❶【抹茶味を作る】鍋に粉寒天と水を入れ、中火にかける。泡立て器で混ぜながら寒天を溶かし、沸騰したら一旦火を止める。グラニュー糖を鍋に加え泡立て器でよく混ぜて、再び中火にかける。ふつふつと沸いてきたら、混ぜ合わせておいたAを加え、沸いたら火をからおろす。

❷【練乳味を作る】鍋に粉寒天と水を入れ、中火にかける。泡立て器で混ぜながら寒天を溶かし、沸騰したら一旦火を止める。グラニュー糖、練乳を鍋に加え泡立て器でよく混ぜて、再び中火にかける。ふつふつと沸いたら火からおろす。

❸マーブルを作る。①、②の粗熱が取れ、とろみがついてきたら、②をバットや容器に流し入れる。固まらないうちに①を加え、軽く混ぜる（P.22参照）。

❹表面が固まってきたらラップをかけ、冷蔵庫で3時間以上冷やし固める。

❺好みの形にカットして、数日間乾燥させる。

⟨*Koubutsu info*⟩

もともとは白色だが、鉄などが混入することで緑色が生まれる。世界各地で「聖なる石」と言われる。

フローライト

◆材料

【ライチ味】

粉寒天 ………………………… 12g

水 …………………………… 420g

グラニュー糖 ………………… 780g

ライチリキュール …………… 30g

青色素水、黄色素水、赤色素水

　（P.23参照)…………… 各適量

◆作り方

❶鍋に粉寒天と水を入れ、中火にかける。泡立て器で混ぜながら寒天を溶かし、沸騰したら一旦火を止める。

❷グラニュー糖、ライチリキュールを鍋に加え、泡立て器でよく混ぜて再び中火にかける。鍋底からしっかり混ぜてふつふつと沸いたら火からおろして4等分にし、粗熱が取れたらそれぞれ緑、紫、青、白色を付ける。

緑…黄色素水・青色素水を加えて混ぜる。

紫…赤色素水・青色素水を加えて混ぜる。

青…青色素水を加えて混ぜる。

白…色素は加えずそのまま。

❸バット（高さ2cmの寒天ができる小さめの容器）に流し入れる。表面が固まってきたらラップをかけ、冷蔵庫で3時間以上冷やし固める。

❹白色を細かくする。緑、紫、青色は正八面体に切る（P.27参照)。

❺クッキングシートに白色をのせ、さらにそれぞれの色の正八面体をのせて数日間乾燥させる。

Point ／緑、紫、青色をのせた上に、細かい白を少しのせるとリアルに仕上がる。

⟨Koubutsu info⟩

熱や光によって幻想的な色、光を放つことから、和名「蛍石：ホタルイシ」。「再起動の石」「知性の石」とも呼ばれる。

GARNET	紅色にラムレーズンの粒々がリアル

1月の誕生石

柘榴石

（ざくろいし）

◆材料

【いちご味】

粉寒天 ……………………… 4g

水 ………………………… 140g

グラニュー糖 ……………… 260g

いちごリキュール ………… 10g

赤色素水、黄色素水（P.23参照）

……………………………… 各適量

【ホワイトチョコ・ラムレーズン味】

粉寒天 ……………………… 4g

水 ………………………… 150g

グラニュー糖 ……………… 260g

ホワイトチョコ …………… 5g

ラムレーズン（レーズンをラム酒に浸して一晩以上置く）

……………………………… 10g

※ホワイトチョコもラムレーズンも刻んで使う

◆作り方

❶【いちご味を作る】鍋に粉寒天と水を入れ、中火にかける。泡立て器で混ぜながら寒天を溶かし、沸騰したら一旦火を止める。グラニュー糖、いちごリキュールを鍋に加え泡立て器でよく混ぜて、再び中火にかける。ふつふつと沸いたら火からおろす。赤色素水・黄色素水を加えて混ぜ、赤色を付ける。

❷【ホワイトチョコ・ラムレーズン味を作る】鍋に粉寒天と水を入れ、中火にかける。泡立て器で混ぜながら寒天を溶かし、沸騰したら一旦火を止める。グラニュー糖、刻んでおいたホワイトチョコとラムレーズンを鍋に加え泡立て器でよく混ぜて、再び中火にかける。ふつふつと沸いたら火からおろす。

❸それぞれバットに流し入れる（ホワイトチョコ・ラムレーズン味は粗熱を取りとろみがついてきたら流し入れる方がレーズンが均等に入る）。表面が固まってきたらラップをかけ、冷蔵庫で3時間以上冷やし固める。

❹いちご味の寒天はコロコロカット（P.27参照）に切る。

❺ホワイトチョコ・ラムレーズン味の寒天は細かくつぶして絞り袋に入れ、クッキングシートの上に丸く絞り出し、❹を所々にのせ、さらに隙間を埋めるように絞り袋の寒天を加え、数日間乾燥させる。

Point／細かくした寒天は、絞り袋を使って丸い固まりに。赤いコロコロカットの寒天をのせて、細かい寒天で隙間を埋めれば、リアルな原石感が出る。絞り袋は、ビニール袋の角を少しカットして代用可。スプーンや箸などで形を整えてもOK。

⟨Koubutsu info⟩

ノアの方舟の灯りとして赤く暗闇を照らし、勇気と希望を与えたとされる石。前向きなパワーがあり、「勝利を招く石」と信じられ、中世ヨーロッパでは、兵士が身に着けていたと言われる。

2月の誕生石

アメジスト

◆材料

【ブルーベリー味】

粉寒天 ·························· 4g

水 ·························· 140g

グラニュー糖 ·················· 260g

ブルーベリーリキュール ········ 10g

赤色素水、青色素水（P.23参照）

·························· 各適量

【シャンパン味】

粉寒天 ·························· 4g

水 ·························· 130g

グラニュー糖 ·················· 260g

シャンパン ·················· 20g

※白ワイン、スパークリングワイン、
りんごジュースなどでも代用可

【黒ごま味】

粉寒天 ·························· 4g

水 ·························· 150g

グラニュー糖 ·················· 260g

黒練りごま ·················· 15g

◆作り方

❶【ブルーベリー味を作る】鍋に寒天と水を入れ、中火にかける。泡立て器で混ぜながら寒天を溶かし、沸騰したら火を止める。グラニュー糖を加え、混ぜながら再び中火にかける。ふつふつと沸いたら火からおろし、鍋底を水につけて粗熱を取る。赤色素水、青色素水を加えて混ぜ、紫色を付ける。

❷【シャンパン味を作る】①と同様に粉寒天を水で煮溶かし、火を止めてグラニュー糖、シャンパンを加える。泡立て器でよく混ぜながら再び中火にかけ、ふつふつと沸いたら火からおろす。

❸グラデーションを作る。①をバットに流し入れ、表面が固まったら②を流し入れて2層にする（P.22参照）。表面が固まってきたらラップをかけ、冷蔵庫で3時間以上冷やし固める。

❹【黒ごま味を作る】①と同様に寒天液を作る。ボウルに黒練りごまを入れ、お玉約2杯分の寒天液を鍋から取って加え、泡立て器でよく混ぜる。茶こしを通して鍋に戻し、全体をよく混ぜ、粗熱を取ってとろみがついたらバットに流し入れ（※練りごまは熱いうちにバットに流すと分離するので注意）、③と同様に冷蔵庫で3時間以上冷やし固める。

❺グラデーションの寒天で、大・小サイズの六角柱ポイントを作る（P.26参照）。六角柱の下の部分を斜めに切り落とすと、立てたとき角度をつけやすい。

❻黒ごま味とグラデーションの寒天の一部を、それぞれマッシャーやナイフで細かくする。グラデーションの寒天に黒ごま味を少し加えて土台を作り、その上に⑤を密集させるように立て、数日間乾燥させる。

Point／土台の部分に
黒ごま味を加えると、
リアルな鉱物感が増す。

⟨ Koubutsu info ⟩

和名「紫水晶：ムラサキスイショウ」。紫は世界的に高貴な色とされているが、鉱物の世界では限られた種類しか存在しない。古代エジプトでは宝飾品や印章に用いられていた。

3月の誕生石

アクアマリン

◆材料

【ミント味】

粉寒天 ……………………………… 8g

水 ………………………………… 280g

グラニュー糖 ………………… 500g

ミントシロップ (P.19参照) …… 40g

青色素水 (P.23参照) ……… 適量

◆作り方

❶鍋に粉寒天と水を入れ、中火にかける。泡立て器で混ぜながら寒天を溶かし、沸騰したら一旦火を止める。

❷グラニュー糖、ミントシロップを鍋に加え、泡立て器でよく混ぜて再び中火にかける。鍋底からしっかり混ぜてふつふつと沸いたら火からおろし、鍋底を水につけて粗熱を取り2等分にする。1つに青色素水を加えて混ぜ、薄い青色を付け、1つは白色のままにする。

❸それぞれをバットに流し入れる。表面が固まってきたらラップをかけ、冷蔵庫で3時間以上冷やし固める。

❹白色は細かくする。薄い青色は大・小サイズの六角柱にカットする (P.26参照)。

❺クッキングシートの上に白色を置き、六角柱をバランスよくのせ、数日間乾燥させる。※右ページの写真は、カラメル味の黄色い寒天を少し加えています。

⟨ Koubutsu info ⟩

さまざまな色があり、水色のものを「アクアマリン」と呼ぶ。「海の水」という意味を持ち、船乗りの守護石として大切にされてきた。欧米では「天使の石」と呼ばれ、結婚、子宝の守護石とも。

上が切りたて、下が乾燥
後。この変化を楽しめるの
は作った人だけ。

4月の誕生石

ダイヤモンド

◆材料

【シャンパン味】

粉寒天 ………………………… 8g

水 ………………………………… 260g

グラニュー糖 ………………… 520g

シャンパン …………………… 40g

※白ワイン、スパークリングワイン、りんごジュースなどでも代用可

◆作り方

❶鍋に粉寒天と水を入れ、中火にかける。泡立て器で混ぜながら寒天を溶かし、沸騰したら一旦火を止める。

❷グラニュー糖、シャンパンを鍋に加え、泡立て器でよく混ぜて再び中火にかける。鍋底からしっかり混ぜてふつふつと沸いたら火からおろす。

❸バットに流し入れる。表面が固まってきたらラップをかけ、冷蔵庫で3時間以上冷やし固める。

❹下の手順に従いカットし、数日間乾燥させる。

◆ダイヤモンドカットの手順

❶2.5cm角のサイコロ形に切る。

❷辺の¼の位置から、ホームベース形に切る。

❸とがった方が四角錐になるように残った面も斜めにカットする。

❹四角い方の4つの角を切り落とし、真上から見て正八角形になるようにする。とがった方も角を面取りして正八角錐にする。

❺上部の正八角形を中心に向かって斜めにカットする。

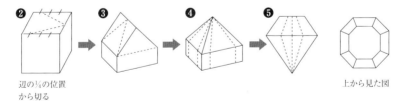

❷ 辺の¼の位置
から切る

⬧ 上から見た図

⟨ *Koubutsu info* ⟩

約30億年以上前に、地中150〜200kmの高温高圧のマントルで誕生したのがダイヤモンド。マグマが時速約2000kmもの速さで吹き出す際に、地表に姿を現す。金属の数倍もの熱伝導率を誇る。

5月の誕生石

エメラルド

◆材料

【洋梨味】

粉寒天 ………………………………… 8g

水 …………………………………… 280g

グラニュー糖 ……………………… 520g

洋梨リキュール …………………… 20g

青色素水、黄色素水（P.23参照）…… 各適量

◆作り方

❶鍋に粉寒天と水を入れ、中火にかける。泡立て器で混ぜながら寒天を溶かし、沸騰したら一旦火を止める。

❷グラニュー糖、洋梨リキュールを鍋に加え、泡立て器でよく混ぜて再び中火にかける。鍋底からしっかり混ぜてふつふつと沸いたら火からおろし、鍋底を水につけて粗熱を取る。青色素水・黄色素水を加えて混ぜ、緑色を付ける。

❸バットに流し入れる。表面が固まってきたらラップをかけ、冷蔵庫で3時間以上冷やし固める。

❹下の手順に従いカットし、数日間乾燥させる。

◆エメラルドカットの手順

❶厚さ約1.5cmの長方形を作り、4つの角を小さくカットする。

❷上面それぞれのラインに沿って、厚みの約⅓を薄く面取りする。

❸裏返して反対側も同様に面取りをする。

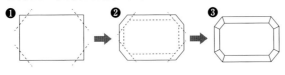 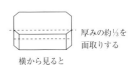

横から見ると／厚みの約⅓を面取りする

Point ／最初に切り出す際に、厚みを1.5cm以上キープ。両面を面取りするため、薄すぎると側面が美しく仕上がらないので注意。

Point ／面取りは薄く真っ直ぐ。ナイフはあまり動かさず、ナイフの刃に寒天を当てて軽く押すぐらいの感覚で。

⟨ Koubutsu info ⟩

和名「翠玉：スイギョク」。ダイヤモンド、ルビー、サファイアとともに世界四大宝石のひとつ。古代エジプトではクレオパトラが愛したことから「宝石の女王」と呼ばれる。

6月の誕生石

真珠

◆材料

【アップルシナモン味】

粉寒天 ······························ 8g

水 ································ 260g

グラニュー糖 ··················· 520g

りんごジュース ·················· 40g

シナモンパウダー（最後に火を止めてから加える）

  ······························ 適量

黄色素水(P.23参照) ·········· 適量

◆作り方

❶鍋に粉寒天と水を入れ、中火にかける。泡立て器で混ぜながら寒天を溶かし、沸騰したら一旦火を止める。

❷グラニュー糖、りんごジュースを鍋に加え泡立て器でよく混ぜて、再び中火にかける。ふつふつと沸いたら火からおろし、シナモンパウダーを加えて混ぜ、粗熱を取る。

❸バットの半分のみマーブルを作る。でき上がった寒天液の²⁄₃を、色付けせずにバットに流し入れる。残りの¹⁄₃の寒天液に、黄色素水を加え混ぜて薄い黄色に着色し、先に流し入れた寒天の片側半分のみに流し入れて軽く混ぜる(P.22参照)。表面が固まってきたらラップをかけ、冷蔵庫で3時間以上冷やし固める。

❹下の手順に従いカットし、数日間乾燥させる。

◆パールカットの手順

それぞれ約2cm角に切り、細かく面取りをして全体を丸く整える。

Point ／細かく面取り
を繰り返すことで丸み
が出る。

⟨Koubutsu info⟩

貝の体内で生成される生体鉱物。神秘的な美しさから「月の雫」「人魚の涙」などとも呼ばれる。貝に包まれて育つことから、慈愛に満ちた守護の力を宿すと信じられてきた。

7月の誕生石

ルビー

◆材料

【ラズベリー味】

粉寒天 ……………………… 8g

水 ………………………… 280g

グラニュー糖 …………… 520g

ラズベリーリキュール ………… 20g

赤色素水（P.23参照）……… 適量

◆作り方

❶鍋に粉寒天と水を入れ、中火にかける。泡立て器で混ぜながら寒天を溶かし、沸騰したら一旦火を止める。

❷グラニュー糖、ラズベリーリキュールを鍋に加え、泡立て器でよく混ぜて再び中火にかける。鍋底からしっかり混ぜてふつふつと沸いたら火からおろす。赤色素水を加えて混ぜ、濃いピンク色を付ける。

❸バットに流し入れる。表面が固まってきたらラップをかけ、冷蔵庫で3時間以上冷やし固める。

❹下の手順に従いカットし、数日間乾燥させる。

◆ルビーカットの手順

❶厚さ1.5cm、3：4ぐらいの長方形にカットし、4つの角を切り落としてやや縦長の八角形にする。

❷下側の短い方の辺に沿って、サイドの厚み約⅓のところから刃を入れて面取りする。

❸図の点線のように、サイドの厚み約⅓のところからぐるりと刃を入れる。上面にやや細長い五角形が現れるように刃の角度を調整する。

❹裏面も同様に、②、③の手順を行う。

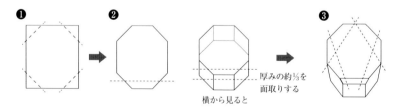

横から見ると　　厚みの約⅓を面取りする

Point／最初に切り出す際は長方形になりすぎないように注意。八角形にした段階で少しだけ縦長になるイメージで。

⟨*Koubutsu info*⟩

和名「紅玉：コウギョク」。古代ローマでは「勝利の石」と信じられ、
兵士たちが御守りとして身に着けていた。ルビー特有の妖艶な色は、
愛や情熱、本能的な感性を高めると言われている。

8月の誕生石

ペリドット

◆材料

【洋梨味】

粉寒天 ・・・・・・・・・・・・・・・・・・・・・・ 8g

水 ・・・・・・・・・・・・・・・・・・・・・・・・・ 280g

グラニュー糖 ・・・・・・・・・・・・・・・・ 520g

洋梨リキュール ・・・・・・・・・・・・・・ 20g

青色素水、黄色素水（P.23参照）

　　・・・・・・・・・・・・・・・・・・ 各適量

◆作り方

❶鍋に粉寒天と水を入れ、中火にかける。泡立て器で混ぜながら寒天を溶かし、沸騰したら一旦火を止める。

❷グラニュー糖、洋梨リキュールを鍋に加え泡立て器でよく混ぜて、再び中火にかける。ふつふつと沸いたら火からおろし、粗熱を取る。

❸グラデーションを作る。でき上がった寒天液の半量を、色付けせずにバットに流し入れる。残りの半量の寒天液は粗熱を取り、青色素水・黄色素水を加え混ぜて緑に着色して、先に流し入れた寒天の表面が固まったらその上に流し入れて2層にする（P.22参照）。

❹表面が固まってきたらラップをかけ、冷蔵庫で3時間以上冷やし固める。

❺スプーンですくい取り、好みで数個を重ねて、数日間乾燥させる。

Point／スプーンで薄く
そぎ取るようにすれば、
ラフな鉱物のイメージ
に。

⟨ Koubutsu info ⟩

夜間照明を浴びると鮮やかなブルーグリーンに発色することから「夜会のエメラルド」と呼ばれる。この石に惹かれるときは、本来の自分を取り戻し、前向きになりたいときなのだとか。

9月の誕生石

サファイア

◆材料
【ミント味】
粉寒天 ……………………………………… 8g
水 ………………………………………… 280g
グラニュー糖 ……………………… 500g
ミントシロップ（P.19参照） ………… 40g
青色素水、赤色素水（P.23参照）…… 各適量
※群青色のような濃い青にするため少量の赤を加える

◆作り方
❶鍋に粉寒天と水を入れ、中火にかける。泡立て器で混ぜながら寒天を溶かし、沸騰したら一旦火を止める。
❷グラニュー糖、ミントシロップを鍋に加え、泡立て器でよく混ぜて再び中火にかける。鍋底からしっかり混ぜてふつふつと沸いたら火からおろし、鍋底を水につけて粗熱を取る。青色素水、少量の赤色素水を加えて混ぜ、濃い青色を付ける。
❸バットに流し入れる。表面が固まってきたらラップをかけ、冷蔵庫で3時間以上冷やし固める。
❹下の手順に従いカットし、数日間乾燥させる。

◆サファイアカットの手順
❶厚さ約1.5cm、2：3ぐらいの長方形を作り、下になる方の角を切り落とす。
❷上になる方の角を、長辺の真ん中ぐらいまで切り落とす。
❸上面それぞれのラインに沿って、サイドの厚み約⅓のところからナイフを入れ、薄く面取りする。裏面も同様に面取りする。

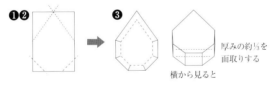

❶❷　　　❸　　　　　　　　　厚みの約⅓を
　　　　　　　　　　　　　　　面取りする
　　　　　　　　　横から見ると

Point／しずく形をイメージしてカット。面取りはナイフの刃を寒天に当て、軽く押して薄く真っ直ぐに。

〈Koubutsu info〉
和名「青玉：セイギョク」。天空、宇宙の色として神に近い石とされていた。宮沢賢治の作品にもよく登場し、『十力の金剛石』ではダイヤモンドやトパーズとともに空から降ってくるシーンも。

10月の誕生石

トルマリン

◆材料

【ライチ味】

粉寒天 ………………………………… 8g

水 …………………………………… 280g

グラニュー糖 ………………… 520g

ライチリキュール …………… 20g

青色素水、黄色素水、赤色素水

　(P.23参照)…………… 各適量

◆作り方

❶鍋に粉寒天と水を入れ、中火にかける。泡立て器で混ぜながら寒天を溶かし、沸騰したら一旦火を止める。

❷グラニュー糖、ライチリキュールを鍋に加え、泡立て器でよく混ぜて再び中火にかける。鍋底からしっかり混ぜてふつふつと沸いたら火からおろして3等分にし、粗熱が取れたらそれぞれ緑、濃いピンク、白色を付ける。

緑…黄色素水・青色素水を加えて混ぜる。

濃いピンク…赤色素水を加えて混ぜる。

白…色素は加えずそのまま。

❸グラデーションを作る。でき上がった緑の寒天液をバットに流し入れ、表面が固まったらその上に白、表面が固まったらその上に濃いピンクを流し入れて、3層にする(P.22参照)。

※作っている途中で次に入れる寒天液が固まってしまったら、弱火にかけて滑らかな状態に溶かし、流し入れる。

❹最後の表面が固まってきたらラップをかけ、冷蔵庫で3時間以上冷やし固める。

❺六角柱にカットして(P.26参照)、数日間乾燥させる。

⟨*Koubutsu info*⟩

和名「電気石:デンキセキ」。色も透明度も多彩で、中でもピンク＆グリーンは、スイカのような色合いであることから「ウォーターメロントルマリン」と呼ばれ、癒しのエネルギーを持つと言われる。

11月の誕生石

シトリン

◆材料

【レモン味】

粉寒天 ……………………………… 8g

水 …………………………………… 280g

グラニュー糖 …………………… 520g

レモンチェッロ ………………… 20g

レモンエッセンス（あれば）…… 少々

黄色素水（P.23参照）………… 適量

◆作り方

❶鍋に粉寒天と水を入れ、中火にかける。泡立て器で混ぜながら寒天を溶かし、沸騰したら一旦火を止める。

❷グラニュー糖、レモンチェッロ、あればレモンエッセンスを鍋に加え、泡立て器でよく混ぜて再び中火にかける。鍋底からしっかり混ぜてふつふつと沸いたら火からおろし、黄色素水を加えて混ぜ、黄色を付ける。

❸バットに流し入れる。表面が固まってきたらラップをかけ、冷蔵庫で3時間以上冷やし固める。

❹細めの乱切りにしてまとめ、数日間乾燥させる。

Point ／細めの乱切りにしたら、重ねるようにしてまとめるときれいに仕上がる。

⟨Koubutsu info⟩

和名「黄水晶：キズイショウ」。柑橘類の一種を意味する「シトロン」が名前の由来。宮沢賢治は夕方の黄色がかった空の色を「黄水晶」と表現し、「シトリン」とルビをふった作品が多く見られる。

65

12月の誕生石

タンザナイト

◆材料

【ミント味】

粉寒天 ……………………… 8g

水 ………………………… 280g

グラニュー糖 ……………… 500g

ミントシロップ（P.19参照）…… 40g

青色素水、赤色素水（P.23参照）

……………………… 各適量

※群青色のような濃い青にするために少量の赤を加える

◆作り方

❶鍋に粉寒天と水を入れ、中火にかける。泡立て器で混ぜながら寒天を溶かし、沸騰したら一旦火を止める。グラニュー糖、ミントシロップを鍋に加え泡立て器でよく混ぜて、再び中火にかける。ふつふつと沸いたら火からおろす。

❷グラデーションを作る。でき上がった寒天液の半量を、色付けしないでバットに流し入れる。残りの半量の寒天液の粗熱を取り、青色素水・赤色素水を加え混ぜて濃い青に着色して、先に流し入れた寒天の表面が固まったらその上に流し入れて2層にする（P.22参照）。

❸表面が固まってきたらラップをかけ、冷蔵庫で3時間以上冷やし固める。

❹好みの形にカットして数日間乾燥させる。

Point ／直方体に切り
出し、角を適宜切り落
としてラフな形に仕上
げる。

⟨Koubutsu info⟩

和名「灰簾石：カイレンセキ」。正式名は「ブルーゾイサイト」だがアフリカ、タンザニアで発見されたことにちなみ、ティファニー社が「タンザナイト」に改名。光によって青、紫と色が変わる。

鉱物菓子で遊ぶ

お菓子の家、バケツプリン。子どもの頃は、大きなものに憧れた。
あの頃の気持ちで大きな鉱物菓子を作ってみたら、脳内トリップ！
大きな鉱物の山と恐竜たちの世界が、頭の中を駆け巡る！

◆材料（写真の鉱物菓子のサイズ
約22cm×10cm×6cm）
【シャンパン味】
粉寒天 ······················ 16g
水 ·························· 520g
グラニュー糖 ········ 1040g
シャンパン················· 80g

◆作り方
❶大きめの鍋に粉寒天と水を入れ、中火にかける。泡立て器で混ぜながら寒天を溶かし、沸騰したら一旦火を止める。
❷グラニュー糖、シャンパンを鍋に加え、泡立て器でよく混ぜて再び中火にかける。鍋底からしっかり混ぜてふつふつと沸いたら火からおろす。
❸深めの容器に流し入れる。表面が固まってきたらラップをかけ、冷蔵庫で5～6時間以上冷やし固める。
❹六角柱ポイントを大・小サイズ作る。安定したまな板などの上にクッキングシートを敷き、カットで出た破片と一部の寒天をマッシャーやナイフで細かくしてのせ、六角柱ポイントを配置し、全体の形を整える。
❺風通しのよいところで数日間乾燥させる。しっかりと固まったら、角度を変えて裏面も乾燥させる。
※カビが生えないよう、風通しのよいところで乾燥させてください。底面もしっかりと乾燥させれば、約2週間の常温保存が可能です。

CHAPTER 3

アレンジ
鉱物スイーツ

ハラペコラボのカフェでは、鉱物菓子を使ったアイスクリームやパフェ、ドリンクが人気です。鉱物菓子で彩ったスイーツをお持ちすると、歓声が上がることも珍しくありません。一生懸命作った鉱物菓子だからこそ、欲張りに楽しみ尽くしませんか？買ってきたアイスクリームやヨーグルト、食パンだって、華やかなスイーツに変身します。

宝石アイス

甘いもの好きにはたまらない組み合わせ。
ミント味やコーヒー味の鉱物菓子を
合わせてみたり。自由に楽しんで！

◆材料

アイスクリーム（好みのもの） ………………… 適量
鉱物菓子（好みのもの） ………………………… 適量
フルーツ（キウイフルーツ、ザクロなど） …… 適量

◆作り方

器にアイスクリームを盛り、鉱物菓子、カットしたフルーツを添える。
※チョコレートアイスクリームに、ミント味の鉱物菓子を添えるなど、味の組み合わせを工夫しても。かき氷に鉱物菓子をトッピングするのもオススメです。

ヨーグルトバーク

バットに入れて凍らせるだけでできる
キュートなアイス。
ヨーグルトと鉱物菓子はナイスコンビ！

◆材料（約15×25cmのバット1枚分）
鉱物菓子（好みのもの） ………………………………… 適量
フルーツ（ブルーベリー、ラズベリーなど好みのもの） … 適量
A┌ プレーンヨーグルト（一晩水切りする） ………… 400g
　└ 砂糖（またははちみつ） ……………………… 大さじ2

◆作り方
❶バットにラップやクッキングシートを敷き、よく混ぜ合わせたA
を流し入れる。
❷鉱物菓子、フルーツを散らし、冷凍庫で3〜4時間凍らせる。
❸好きな形にカットする。
※鉱物菓子に甘味があるので、ヨーグルトに加える甘味は控えめ
にするとバランスよく仕上がります。

赤い鉱物の
クリスマスケーキ

切りたてきらきらの鉱物菓子が似合う。
シンプルだけど華やか！

◆材料
鉱物菓子（赤、透明）……………… 各適量
スポンジ（5号直径15cm）…………… 1台
A ┌ 生クリーム ……………………… 200ml
　└ グラニュー糖 …………………… 16g
いちご ………………………………… 適量

◆作り方
❶赤い鉱物菓子は六角柱ポイント（P.26参照）大・小サイズを作る。透明の鉱物菓子は大・小サイズのラフなカットにする。
❷Aをボウルに入れてホイップする。いちごは飾り用を取り分け、残りのいちごはサンド用に縦半分に切る。
❸スポンジは半分にスライスし、カットしたいちご、ホイップクリームをサンドし、表面全体に残りのホイップクリームを塗る。
❹いちごを上面の周囲に、真ん中に赤い鉱物菓子をのせ、側面下の周囲に透明の鉱物菓子をくっつける。

Point／今回使用したのは、カシスとカラメルのグラデーションの鉱物菓子。ケーキの真ん中にギュッと集めてデコレーションすると、炎のような演出に。

市販のロールケーキにホイップクリーム、いちご、鉱物菓子をトッピングするだけでも、キュートなミニクリスマスケーキに。

宝石菓子パン

甘くて優しいのっけ食パン。
元気を出したい日の朝食やおやつに。

◆材料
鉱物菓子（好みのもの）……………………… 適量
フルーツ（キウイフルーツ、いちごなど）……… 適量
食パン……………………………………………… 3枚
ジャム（好みのもの）………………………… 適量
ピーナッツバター ……………………………… 適量
クリームチーズ ………………………………… 適量

◆作り方
❶フルーツは食べやすいサイズの薄切りにする。
❷食パンそれぞれに、ジャム、ピーナッツバター、クリームチーズを塗り、フルーツ、鉱物菓子を自由にのせる。
※キウイフルーツの三角形カットに三角形の鉱物菓子を合わせたり、クリームチーズベースにはパステルカラーの鉱物菓子を合わせるなど、自由なデザインを楽しんで。

フルーツ
パンケーキ

パンケーキを思いっきりドレスアップ！
鉱物菓子の風味、フルーツの酸味がアクセントに。

◆材料

鉱物菓子(好みのもの) ………………………………	適量
フルーツ(キウイフルーツ、バナナ、ザクロなど)……	適量
パンケーキ …………………………………………	4〜5枚
A ┌ 生クリーム …………………………………	200ml
└ グラニュー糖 ………………………………	16g
粉糖 …………………………………………………	適量
ミント(好みで) ……………………………………	適量

◆作り方

❶フルーツは食べやすいサイズに切る。Aをボウルに入れてホイップする。

❷パンケーキにホイップクリームをサンドしながら器に盛り、一番上にホイップクリームをたっぷりとのせ、粉糖をふり、フルーツ、鉱物菓子をトッピングする。器の周囲にも鉱物菓子を飾る。好みでミントを添える。

※パンケーキやホイップクリームの量は好みで調整してください。1人分で、パンケーキ1枚にホイップクリームとフルーツ、鉱物菓子を少し添えるだけでも華やぎます。

アイシング
クッキー

キュートなアイシングは鉱物菓子と相性抜群。
プレゼントにもぴったり！

◆材料

鉱物菓子（好みのもの）……………… 適量
クッキー（市販品）………………… 適量
アイシング┌ 卵白………… 40〜50g
　　　　　└ 粉糖………………… 250g

◆作り方

❶アイシングを作る。ボウルに粉糖を入れ、よくほぐした卵白を
数回に分けて加えながら混ぜる。白くなるまで5分以上練る。泡
立て器からアイシングを落としたとき形が4〜5秒ほど残るくら
いの固さにする。アイシングに色を付ける場合は、小さな容器に
分け、少量の水で溶いた色素を加えてよく混ぜる。
❷先が細い絞り袋に入れ、クッキーの上に絞り出す。
❸鉱物菓子をのせ、好みで金箔（分量外）を散らし、半日以上乾
燥させる。

Point／クッキーの外側
から内側に向かって
絞っていくと美しく仕
上がる。絞り終えたら、
クッキーを軽く持ち上
げて落とすと表面がつ
るんと滑らかに。

鉱物スティック

まるでヒヤシンスのようなお菓子。
ガラスの器に生けるように盛り付けて。

◆材料
鉱物菓子(乾燥させる前の好みのもの) ……… 適量
※カットする際に出る破片を取り置いて使うとよい
スティック菓子 ……………………………… 適量

◆作り方
❶鉱物菓子はマッシャーやナイフで細かくする。
❷①を½カップ分ほど小鍋で煮溶かす。
❸スティック菓子に②をからめ(持ち手部分を除く)、クッキングシートの上に置き、①をのせてくっつける。乾燥したら裏返し、同様に①をのせてくっつけ、乾燥させる。

Point／煮溶かした寒天液が接着剤になる。スティック菓子にたっぷりとからませるのがポイント。

Point／寒天液をからめた部分に刻んだ鉱物菓子をのせる。しっかりとくっつくように、箸で軽く押さえる。

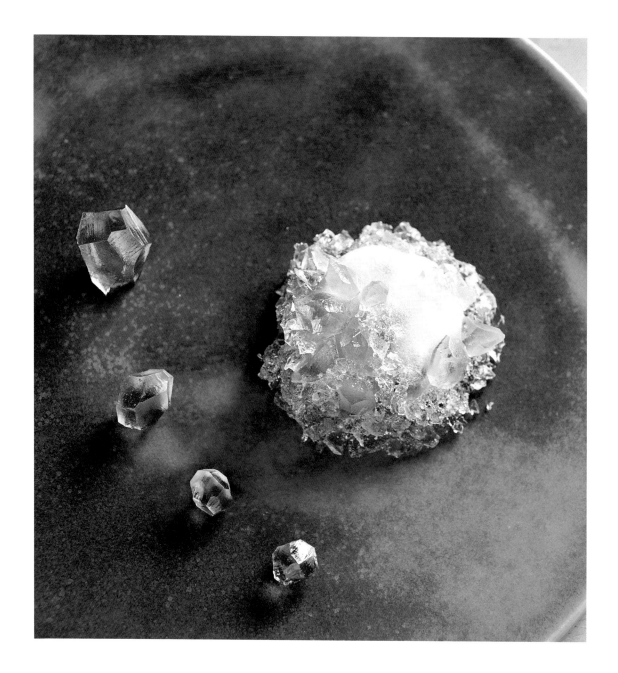

大福

乾燥前の鉱物菓子をまとわせて
大福をキラリと変身！

Point ／大福の周りに、鉱物菓子を下から積み重ねて覆っていくイメージでトッピングする。食べるときは、フォークなどで少し崩して鉱物菓子をからめながらどうぞ。

◆材料

フルーツ大福（いちご大福など好みのもの）…… 適量

鉱物菓子（乾燥させる前の好みのもの）……… 適量

◆作り方

❶鉱物菓子はマッシャーやナイフで細かくしたものと、短めの六角柱ポイントを数個作る。

❷器に大福をのせ、大福の周囲に①の細かくしたものを積み重ねるようにしてくっつけていく。短めの六角柱ポイントを添える。

白玉あんこ
クラッカー

サクッ、もっちり。めくるめく食感と
甘じょっぱさがクセになる。

クラッカーの代わりに最中
の皮を使ってもOK。カッ
プ状になっているのでトッ
ピングしやすく、サクッと
軽い食感を楽しめる。

◆材料

鉱物菓子(好みのもの)	適量
クラッカー	適量
白あん(市販品)	適量
白玉粉	100g
水	100ml弱

◆作り方

❶白玉粉と水を混ぜて一口大に丸め、沸騰した湯で浮いてく
るまでゆで、氷水で冷やす。

❷クラッカーの上に白あん、水気を切った白玉をのせ、鉱物
菓子をくっつけるようにのせる。

チェー

ベトナムのおしるこのようなデザート。
甘い煮豆やあずきと鉱物菓子を器に入れて、
豆乳やココナッツミルクを注ぐだけで完成！

◆材料
鉱物菓子（好みのもの） ……………………………… 適量
煮豆（白花豆、きんとき豆、あずき、うぐいす豆など） … 適量
豆乳、ココナッツミルク ………………………… 各適量

◆作り方
器に煮豆、鉱物菓子を入れ、豆乳、ココナッツミルクを注ぐ。

おしるこ

ちょっと地味なおしるこも、
鉱物菓子をトッピングすれば華やか。
最中の船を浮かべれば、食感のアクセントに。

※最中の皮に鉱物菓子やフルーツをのせて浮かべると、
鉱物菓子のシャリッとした食感を生かせます。

◆材料（2人分）

A
- ゆであずき（加糖）……………………… 200g
- 塩 ………………………………… ひとつまみ
- 水…………………………………………… 100ml

B
- 白玉粉 ……………………………………… 100g
- 水 ………………………………………… 100ml弱

鉱物菓子（好みのもの）………………………… 適量
フルーツ（ブラッドオレンジ、ザクロなど）… 適量
最中の皮（好みで）……………………………… 2個

◆作り方

❶鍋にAを入れて火にかけ、しるこを作る。

❷Bを混ぜて一口大に丸め、沸騰した湯で浮いてくるまでゆで、
氷水で冷やす。

❸器に①を入れ、白玉、鉱物菓子、フルーツをのせる。

チョコとオレンジの水晶パフェ

落ち着いた色合いでまとめたチョコレートパフェ。
水晶の鉱物菓子をのせてゴージャスに。

◆材料（1人分）
鉱物菓子（水晶・P.32参照）……… 大サイズ1個
鉱物菓子（黄色系）……………… 小サイズ適量
鉱物菓子（乾燥前のもの・白系）………… 適量
クラッカー ……………………………… 1枚
バニラアイス、チョコレートアイス ……… 各適量
オレンジ …………………………… ½個分
ドライオレンジ、ミント（好みで）……… 各適量

◆作り方
❶グラスに黄色系の小さめの鉱物菓子を数個入れ、クラッカーをのせる。
❷バニラアイス、チョコレートアイス、オレンジ、乾燥前の鉱物菓子を刻んでのせ、水晶の鉱物菓子を飾る。好みでドライオレンジとミントを添える。

Point／鉱物菓子のシャリシャリ感は水分を吸うと失われるので、グラスに鉱物菓子を入れたら、クラッカーで蓋をしてからアイスをのせる。

鉱物ドリンク

甘味のある鉱物菓子はドリンクとも相性が抜群。
表面の砂糖が溶けてつるんとした食感を楽しめる。

モヒート

◆材料と作り方
ホワイトラム、細かく刻んだミント味のブルー系鉱物
菓子（乾燥前のものでもOK）、ミント、クラッシュア
イスをグラスに入れ、炭酸水を注ぐ。
※ミントをたっぷり使うとモヒート感がアップ。ラム
を使わず、ノンアルコールモヒートにすれば、子ども
も一緒に楽しめます。

ジンジャーエール

◆材料と作り方
好みの鉱物菓子、好みのフルーツ、スライスレモン、
氷をグラスに入れ、ジンジャーエールを注ぐ。

カラメルチャイ

◆**材料と作り方**
チャイをカップに入れ、カラメルネット（下記参照）
をのせ、好みの鉱物菓子をのせる。スプーンでカラ
メルを割り落としていただく。

◆**カラメルネットの作り方**
砂糖40g、水大さじ1をミニフライパンや小鍋に入
れて火にかけ、煮詰めてカラメルを作る。クッキン
グシートを広げ、熱いうちにスプーンでカラメルを
網状に落とす。

クリームソーダ

◆**材料と作り方**
好みの鉱物菓子をグラスに入れ、氷をたっぷり入れ
る。氷の上にバニラアイスをのせ、グラスの縁から
そっと炭酸水またはサイダーを注ぐ。

鉱物菓子のラッピング

プレゼントやおすそ分けにぴったりの手軽なラッピングをご紹介。
鉱物菓子には、落ち着いた雰囲気のアイテムがよく似合う。

カジュアルな手土産に
テトラパック

マチのない小さめの袋に鉱物
菓子を入れ、袋の口を縦に
閉じる。口を折り返しマ
スキングテープでとめる
とテトラ形に。

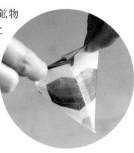

とっておきのプレゼントに
鉱物菓子の宝石箱

アクセサリーなどの空き箱に鉱
物菓子を詰める。彩りよく
色々なサイズを詰めると、
宝石箱のように華やかに。

鉱物菓子を飾って楽しむ

飾って眺めて、写真映えするのも鉱物菓子の魅力。
本物の鉱物コレクションの気分で演出してみよう。

薬瓶に入れる

薬瓶やスパイス瓶は鉱物と好相性。瓶の中で鉱物
菓子を組み立てれば、摩訶不思議な標本に。
※蓋を開けて風を送り、よく乾燥させてください。

本物の鉱物と一緒に飾る

リアルな色や質感が鉱物菓子の魅力。本物の鉱物
と一緒に並べてみると……。どれが本物か、わか
りますか？

標本のように箱に入れる

アクセサリーなどが入っていた小さな箱に、鉱物
菓子を1つずつ入れると標本箱のよう。コレクショ
ンのように並べても。

アクセサリーのように飾る

鉱物と相性のよい、ガラスや真鍮のアイテムを
使ってラフに飾るだけで鉱物アクセサリーコーナー
の完成。

おわりに

　今回この本を作るにあたり、「どこまで手の内を見せるのか」と自問自答してきました。「オリジナルの味や色、難しいカットまで見せてしまってよいのだろうか?」と。そこで思ったのが、「日々向上し続ける私たちにとって、現時点はベストだけれど通過点。明日はもっと上に行っている」ということ。この本が出る頃には、私たちは次の目標に進んでいなければならないのだと、気づかされたのです。

　こんなことを言うと、ストイックだと思われるかもしれませんが、私たちが作っている「こうぶつヲカシ」は職人技の結晶です。鍛錬を重ねたラボの皆が作るお菓子も、いつか手にしていただきたいなぁ、なんて思います。そして、この本をきっかけに、どんな子たちが作られるのか、とても楽しみです。私たちも、美しくおいしいものを追い続けます。鉱物菓子の世界を存分に楽しみましょう。作る喜びを分かち合いましょう。

ハラペコラボ代表・野尻知美

【お店について】

ハラペコラボ
ミュージアム ショップ＆カフェ

住所：福岡県福岡市南区大池1-26-7 義道ハイム1F
営業時間：11:30 〜 16:00
定休日：土曜・日曜・祝日

左／木製の棚やアーチ状の扉がクラシカルな印象のショップ内観。
右／パッケージデザインも魅力的な「ハラペコラボのこうぶつヲカシ」が並ぶ。

【こうぶつヲカシ取扱店】

鉱物Bar by 鉱物アソビ

住所：東京都武蔵野市吉祥寺本町1-34-10 204号室／営業時間：13:00 〜 22:00（要問い合わせ）／定休日：月曜（祝日の場合は営業）・火曜・水曜　Instagram：@koubutuasobi_info　Twitter：@KoubutuAsobi

ウサギノネドコ京都店

住所：京都府京都市中京区西ノ京南原町37／営業時間：（ショップ）11:00 〜 18:30　（カフェ）11:30 〜 19:00（L.O. 18:00）／定休日：木曜　Instagram：@usaginonedoko_kyoto　※ウサギノネドコ東京店でも取扱あり。

ハラペコラボ

代表・野尻知美率いるフードクリエーター集団。福岡を拠点にアートとフードをつなげるべく、ケータリングや食育ワークショップ、出張社食、お弁当・お菓子制作などを行い、驚きと感動、美しさのある食を提供している。和菓子の琥珀糖をもとにした代表作「こうぶつヲカシ」は、「鉱物」と「みんなの大好物」、「お菓子」と「いとをかしな存在」を掛け合わせて名付けられたもの。予約が殺到する人気商品となっている。

Instagram：@koubutsuwokashi
Instagram：@harapecolab
HP：http://harapecolab.com

きらきら鉱物菓子の作り方

2021年6月23日　初版発行

著者／ハラペコラボ

発行者／青柳 昌行

発行／株式会社KADOKAWA
〒102-8177　東京都千代田区富士見2-13-3
電話 0570-002-301(ナビダイヤル)

印刷所／凸版印刷株式会社